GW01605496

Illustrazioni e testi: Silvia Serreli
Progetto grafico: Romina Ferrari
Redazione: Silvia D'Achille

Nessuna parte di questa pubblicazione può essere riprodotta, archiviata con sistemi di recupero o trasmessa in qualsiasi forma o mezzo, sia elettronico, meccanico fotografico o altro, senza il preventivo permesso scritto del proprietario del Copyright.

www.giunti.it

© 2013 Giunti Editore S.p.A.
Via Bolognese 165 - 50139 Firenze - Italia
Piazza Virgilio 4 - 20123 Milano
Prima edizione: novembre 2013

Ristampa	Anno
8 7 6 5 4 3	2019 2018 2017 2016

Stampato presso Giunti Industrie Grafiche S.p.A. - Stabilimento di Prato

Silvia Serreli

A chi piacciono le verdure?

GIUNTI Kids

A TEA LE VERDURE PIACCIONO MOLTISSIMO:
I PISELLINI, COSÌ VERDI E ROTONDI, SONO PERFETTI PER FARE UNA BELLA COLLANINA. CON LE CAROTE TAGLIATE A RONDELLE, POI, LA COLLANINA VIENE ANCORA PIÙ CARINA E COLORATA!

CON IL PURÈ DI PATATE E I FINOCCHI LESSI SPIACCICATI BEN BENE, INVECE, TEA CREA NEL PIATTO BUFFE FACCETTE SORRIDENTI.

MA ANCHE GLI SPINACI LE PIACCIONO UN SACCO: QUANDO LI MODELLA CON LA FORCHETTA O, MEGLIO ANCORA, CON LE MANI, LE VENGONO FUORI ANIMALI BELLISSIMI: SERPENTI, DINOSAURI E PERFINO COCCODRILLI!

– TEA, SMETTILA DI GIOCARE CON LE VERDURE E INIZIA A MANGIARLE, PIUTTOSTO! – LE DICE LA MAMMA OGNI VOLTA.

– MA A ME LE VERDURE NON PIACCIONO! – RISPONDE PUNTUALMENTE TEA.

– SE NON LE ASSAGGI, COME FAI A SAPERLO? PERCHÉ NON LE VUOI PROVARE?

TEA NON LO SA IL PERCHÉ E LA PRIMA RISPOSTA CHE LE VIENE È: – PERCHÉ SANNO DI VERDURA!

– COME POSSIAMO FARE? – SI SFOGA QUELLA SERA LA MAMMA PARLANDO CON IL PAPÀ. – LIU, MIRIAM, CESCO… TUTTI GLI AMICHETTI DI TEA MANGIANO LE VERDURE!

IL PAPÀ RIFLETTE UN PO', POI ESCLAMA: – DOMANI, QUANDO VADO A PRENDERE TEA A SCUOLA, CHIEDERÒ CONSIGLIO AI NONNI E AI GENITORI CHE INCONTRO!

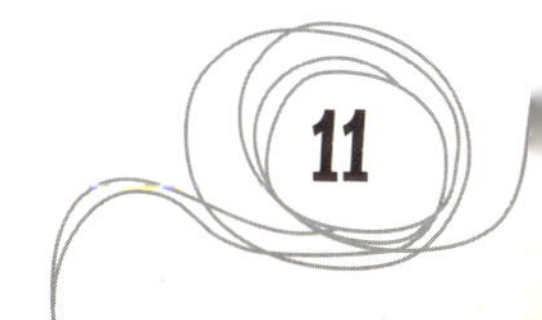

E INFATTI, IL GIORNO SEGUENTE...

– NOI FACCIAMO COSÌ – SPIEGA ENTUSIASTA IL PAPÀ DI CESCO – QUANDO IN TAVOLA C'È LA VERDURA, IO E MIA MOGLIE METTIAMO IN SCENA UNO SPETTACOLO: LEI SI VESTE DA POMODORO E IO DA CAROTA. CESCO RIDE UN SACCO, SI DIVERTE PROPRIO TANTO, E ALLA FINE VUOTA TUTTO IL PIATTO!

– IO USO LA TECNICA DELL'AEROPLANINO – SVELA IL NONNO DI LIU. – INFILO TRE O QUATTRO TIPI DI VERDURE CON LA FORCHETTA E POI... *BROOOOOOOMMM!* DECOLLO DALLA CAMERA, ATTRAVERSO IL SALOTTO, SORVOLO LA CUCINA E PLANO DRITTO DRITTO NELLA BOCCA DELLA MIA NIPOTINA!

LA MAMMA DI MIRIAM USA UN ALTRO METODO.
– IO – SPIEGA – SMINUZZO TUTTE LE VERDURE E LE PROPONGO COME MINESTRA, FRULLATO, SUCCO DA BERE. MIRIAM NEMMENO SE NE ACCORGE CHE SONO VERDURE, PERCHÉ LE BEVE TUTTO D'UN FIATO!

IL PAPÀ E LA MAMMA DI TEA DECIDONO DI SEGUIRE I CONSIGLI CHE HANNO SENTITO E UNA SERA S'IMPROVVISANO ATTORI: VESTITI DA ZUCCHINA E DA SEDANO, CON MATTIA VESTITO DA PISELLINO, METTONO IN PIEDI UNA DIVERTENTE SCENETTA.

– MAMMA, PAPÀ, PERCHÉ VI SIETE VESTITI COSÌ? – DOMANDA TEA STUPITA. – SECONDO ME SIETE DIVENTATI UN PO' MATTI! – RIDE GODENDOSI LO SPETTACOLO.

DI VERDURA, PERÒ, NON NE ASSAGGIA NEMMENO UNA...

UN'ALTRA SERA INVECE IL PAPÀ DIVENTA PILOTA: CON UNA FORCHETTA PIENA DI FAGIOLINI LESSI SORVOLA TUTTA LA CASA E ATTRAVERSA ADDIRITTURA IL GIARDINO.
TEA RIDE A CREPAPELLE, MA APPENA IL PAPÀ FA PER ATTERRARE NELLA SUA BOCCA, TEA LA SIGILLA, SI VOLTA DALL'ALTRA PARTE E POI ESCLAMA:
– PAPÀ, CHE COSA FAI? IO SONO GRANDE ADESSO! L'AEROPLANINO ME LO FACEVI QUANDO ERO PICCOLA COME MATTIA!

I GENITORI DI TEA NON SI ARRENDONO E LA SERA SUCCESSIVA LA MAMMA ESCLAMA: – ECCO QUA UN BEL FRULLATO E UN BUONISSIMO SUCCO!

TEA PERÒ NON È CONVINTA.

– IO NON LO VOGLIO BERE QUEL LIQUIDO VERDE E NEMMENO QUELLO LÌ ROSSO! – AFFERMA.

“BE’… TUTTI I TORTI NON LI HA” PENSA LA MAMMA FRA SÉ E SÉ.

– TI DIRÒ UN SEGRETO – BISBIGLIA UN GIORNO IL PAPÀ A TEA. – QUANDO ERO PICCOLO NON SOPPORTAVO LE VERDURE E DI CERTO NON LE AVREI MANGIATE FRULLATE! BLEAH!

– MA ALLORA ERI COME ME! – RIDE TEA DIVERTITA.

– SÌ, È VERO... E NON PENSO CHE UNA RECITA O UN AEROPLANINO MI AVREBBERO CONVINTO!

– E POI CHE COSA È SUCCESSO?

– BE', UN GIORNO LE HO ASSAGGIATE E... *TATAAAN!!!* HO SCOPERTO CHE MI PIACEVANO!

IN TAVOLA, COME AL SOLITO, NON MANCANO LE VERDURE: CI SONO ZUCCHINE GRIGLIATE CON POCO AGLIO E PREZZEMOLO, CAROTINE SALTATE CON UNA NOCE DI BURRO E CAVOLFIORE AL VAPORE CONDITO CON OLIO E SALE.
NON CI SONO TEATRINI, AEROPLANI O FRULLATI, QUESTA VOLTA!

LA MAMMA SEMBRA ANDARE PAZZA
PER LE ZUCCHINE GRIGLIATE. IL PAPÀ, INVECE,
INFORCA UN PO' DI CAROTE E LE MANGIA
DI GUSTO, POI PASSA AL CAVOLFIORE E FA:
– MMMM, CHE BUONO!
TEA LO OSSERVA E PENSA DIVERTITA AL SEGRETO
CHE LE HA CONFIDATO POCO PRIMA.

A UN TRATTO, LA PANCIA DI TEA INIZIA A FARE *BRUBRUBRUUU*... CHE FAME!
QUASI QUASI...
– IO ASSAGGIO UNA CAROTA! – ANNUNCIA ALL'IMPROVVISO RUBANDO UNA RONDELLA ARANCIONE DAL PIATTO DI PAPÀ. – MMMM!!!
LA CAROTA È MOLTO GUSTOSA E ANCHE IL CAVOLO LÌ VICINO È PROPRIO BUONO!

IN POCHI MINUTI LE VERDURE DI MAMMA E PAPÀ SPARISCONO DAI LORO PIATTI E FINISCONO TUTTE NELLA PANCIA DI TEA!

– MA ALLORA SONO BUONE, LE VERDURE! – ESCLAMA SORPRESA LA PICCOLA.

EH SÌ... IN FONDO BASTAVA SOLO ASSAGGIARLE PER SCOPRIRLO!

E AL PAPÀ E ALLA MAMMA CHE HANNO I PIATTI VUOTI? BE', NON RESTA CHE BERSI IL FRULLATO DI CAVOLI, LA PASSATA DI ZUCCA E IL SUCCO DI POMODORO RIMASTI IN FRIGORIFERO!

POM
POM

TEA
IN COLLANA
QUANTO PESA UNA BUGIA?
COSA C'È NELLA PANCIA DELLA MAMMA?
A CHI PIACCIONO LE VERDURE?
PERCHÉ IL BUIO È COSÌ NERO?
E TU DI CHE COLORE SEI?
CHI HA PAURA DEI BULLI?
COSA FACCIO SE MI ANNOIO?
E SE NON CI RIESCO?
MA IO SONO BELLA?
MI REGALATE UN CUCCIOLO?
A CHI VOLETE PIÙ BENE?